ORAISON FUNÈBRE

DE M. L'ABBÉ

JEAN-MARIE DE LA MENNAIS

FONDATEUR ET SUPÉRIEUR GÉNÉRAL

DE L'INSTITUT DES FRÈRES DE L'INSTRUCTION CHRÉTIENNE

PRONONCÉE

AU SERVICE DU XXXe JOUR, LE 29 JANVIER 1861

DANS LA CHAPELLE DE LA MAISON PRINCIPALE

A PLOERMEL

Par M. l'Abbé DE LÉSÉLEUC,

CHANOINE THÉOLOGAL ET VICAIRE - GÉNÉRAL

DE QUIMPER.

VANNES

IMPRIMERIE GUSTAVE DE LAMARZELLE, PLACE DES LICES.

—

1861

ORAISON FUNÈBRE

DE M. L'ABBÉ

JEAN - MARIE DE LA MENNAIS

FONDATEUR ET SUPÉRIEUR GÉNÉRAL

DE L'INSTITUT DES FRÈRES DE L'INSTRUCTION CHRÉTIENNE.

———⚬⚬⚬———

> *Bonum certamen certavi, cursum consummavi, fidem servavi...* (II. Tim. IV. 7.)
>
> J'ai combattu le bon combat, j'ai fourni jusqu'au bout la carrière, j'ai conservé la foi.

Quand l'Église de Jésus-Christ pleure un homme qui lui a véritablement appartenu, il se mêle à ses larmes un cantique de reconnaissance ; et l'on aperçoit, jusque dans les chants de son deuil, un accent de triomphe et de joie qui sent la vie éternelle. C'est que l'Église a la conscience d'être une armée ; elle sait qu'elle a vaincu, mais que toutes les générations doivent participer à sa conquête, et sa voix, voix du ciel et de la terre, est la voix des phalanges déjà triomphantes et couronnées, comme de celles qui se succèdent, sans défaillir jamais, sur les mêmes champs de bataille. Toutes les fois qu'un de ses fils tombe, pourvu qu'il tombe les armes à la main, elle chante victoire; et fière de continuer jusqu'à la fin la guerre que son divin Fondateur a voulu commencer en personne, elle est saintement fière aussi de lui présenter pleine et bien fournie une carrière de plus, une vraie carrière de soldat.

Certes, Mes Chers Frères, ce n'est pas dans ce lieu, ce n'est pas au milieu d'une famille pour qui la vie et les paroles de son Père ne sont presque pas encore des souvenirs, que je voudrais me justifier de me complaire dans ces images, dont, après tout, l'Evangile de mon Maître est rempli. Saint Paul, cet apôtre si généreux et si fort, l'apôtre par excellence, que voyait-il dans la vie chrétienne à travers le monde, que voyait-il dans la sienne surtout, lui pour qui la Foi, l'Espérance, la Vérité, sont une armure (1); lui qui, dans l'étrange nouveauté de son langage, osa le premier donner à la parole de Dieu le nom de glaive? (2)

Mes Frères, vous connaissez une autre grande âme, qui fut éprise aussi d'amour pour les saints combats de

----

(1) Induite vos armaturam Dei;..... Accipite armaturam Dei, ut possitis resistere in die malo..... State ergo succincti lumbos vestros in veritate, et induti loricam justitiæ, et calceati pedes in præparatione Evangelii pacis, in omnibus sumentes scutum fidei, in quo possitis omnia tela requissimi ignea extinguere, et galeam salutis assumite. Eph. vi. 11. 17.

(2) Et gladium Spiritus, quod est verbum Dei. Eph. vi. 17.

l'Eglise, qui voulut par dessus tout être un soldat de Jésus-Christ, qui aima cette guerre et se plut à vous le dire.
Il retentit encore à vos oreilles, ce cri d'un cœur qui a
pu s'éteindre dans la mort, mais qui n'a jamais vieilli,
par lequel il animait votre courage et vous rendait
assez patients et assez forts pour être en Bretagne et
par delà les mers les témoins de Jésus-Christ et les
défenseurs de la Foi.

Il ne faut pas que cette voix se taise encore ; il
faut, tout mort qu'il est, que cet homme de Dieu
parle encore une fois (3) à la Bretagne et à l'Eglise ;
à la Bretagne qu'il a, plus qu'aucun autre, gardée dans sa fidélité toute chrétienne ; à l'Eglise
dont il a été le fils le plus humble et le plus dévoué,
le plus ardent et le plus docile, le plus infatigable dans
son service et le plus jaloux dans son amour.

Mais ce n'est pas moi, Mes Chers Frères, qui devrais
vous transmettre aujourd'hui le dernier enseignement
de cette tombe, dont Dieu vous a constitués les gardiens.
Combien d'autres vivent encore, qui, admis beaucoup
plus tôt à l'école de cette vie si grande et si pleine,
auraient eu plus que moi le droit de vous l'offrir comme
une suprême leçon ! Combien de prêtres, combien
d'éloquents religieux, combien d'illustres évêques,
associés à toutes ses douleurs et à toutes ses luttes,
auraient pu vous dire au nom de votre Père, avec

(3) Per illam (*fidem*) defunctus adhuc loquitur. HEBR. XI. 4.

l'autorité d'une gloire commune : J'ai combattu le bon combat, j'ai fourni jusqu'au bout la carrière, j'ai sauvé la Foi. *Bonum certamen certavi, cursum consummavi, fidem servavi...*

Si donc j'ose parler ici, moi qui ne fus que l'ami respectueux et trop tardif de son incomparable vieillesse, c'est qu'il parlera lui-même. Il vous dira comment la grâce de Dieu sait féconder une vie, quand un seul sentiment l'anime, quand une seule pensée la remplit d'un bout à l'autre, quand l'homme tout entier se met au service d'un seul amour saintement gardé.

Plaise à Dieu que nous fassions aujourd'hui un acte apostolique, en honorant la mémoire d'un vrai serviteur de Dieu; et que vous vous sentiez, Mes Chers Frères, fortifiés dans votre foi, à mesure que je vous dirai ce que l'amour de l'Eglise a fait de Jean-Marie Robert de la Mennais, Prêtre, Fondateur et premier Supérieur général de l'Institut des Frères de l'Instruction Chrétienne.

Parmi les marques de l'adoption divine qu'il nous est donné de lire au front de tout enfant chrétien, quand sa vie, commencée par le baptême, s'est épanouie doucement dans la prière de chaque jour, je ne sais s'il est possible d'en rencontrer de plus émouvantes que celle-ci :

A certaines heures d'une solennité mystérieuse, il se fait pour ces yeux à peine ouverts aux choses de ce monde, une lumière qui n'a rien de commun avec celle de l'expérience. On dirait que, pour un instant, le Père qui est dans les cieux leur permet de lire dans sa pensée; qu'il supprime pour eux la distinction du présent et de l'avenir, et qu'à cause de ce qu'ils sont encore, il leur est donné d'affirmer ce qu'ils seront un jour. Les voies les plus étroites des conseils évangéliques; les carrières les plus ardues, dont la souffrance et le renoncement sont les premières lois; les travaux les plus impossibles à la nature, que les fermes croyants eux-mêmes ne peuvent accomplir, que la croix sur les épaules et en résistant jusqu'au sang; voilà ce que des enfants de dix ans nous montrent d'un geste assuré dans le chemin qui s'ouvre devant eux; et quelle mère chrétienne a jamais entendu sans frissonner ces paroles prophétiques, et ne les a pas gardées dans son cœur comme le glaive du sacrifice, surtout si l'innocent prophète avait, ce jour là, reçu, en pleurant de foi, le Corps et le Sang de Jésus-Christ?

Souvent encore, la seule vue d'un enfant de l'Eglise attire soudainement le regard d'un autre Siméon, blanchi dans les travaux d'un laborieux apostolat. On le voit poser avec attendrissement les deux mains sur cette jeune tête, contempler respectueusement ce visage sur lequel il vient de découvrir la trace du doigt de Dieu ; et puis, d'une voix où le souffle de l'Esprit-Saint devient sensible, quelque S. François de Hiéronymo annonce au siècle qui suivra quelque S. Alphonse de Liguori.

Que se passa-t-il entre l'enfant et le vieillard, ou plutôt entre l'esprit qui anime l'Église et l'âme de chacun d'eux, quand le dernier Évêque de Saint-Malo vit s'agenouiller à ses pieds le plus mâle héritier de la vieille Foi bretonne, pour recevoir en un même jour, et sensiblement avant l'âge accoutumé, le Pain qui nourrit la vie, et le Sacrement qui donne la trempe chrétienne au courage ? Jean-Marie de la Mennais n'avait guère que neuf ans ; mais en ce temps-là il fallait se hâter. L'Évêque sentait trembler sous ses pas le sol que sa chaire épiscopale consacrait depuis tant de siècles. Il voyait la tempête qui depuis cent ans au moins amoncelait ses nuages à tous les points de l'horizon français, près de faire éclater la plus terrible de ses foudres.

Tant que 1789, cette année qui prétendait dès lors à l'honneur de remplacer l'ère du salut, n'avait produit que des affirmations politiques, ou promis que des réformes dans l'Etat, l'inquiétude avait pu trouver sa place dans les plus fermes esprits, mais les cœurs droits avaient pu aussi conserver une légitime espérance. Ce n'était ni l'Église catholique, ni la Bretagne, qui pouvait s'alarmer au seul mot de Liberté, pourvu que, dans la nouvelle devise, ce grand nom fût interprété par la Loyauté et par la Foi.

Mais 1790 était commencé ; et bientôt la Révolution, revêtant un caractère, désormais visible à tous les yeux, d'hostilité contre l'Église, et contre Dieu dont l'Église est le Royaume, allait marquer au front de la France frémissante un nom qui appelle la malédiction et la vengeance de Dieu, le nom de SCHISMATIQUE. La première nation chrétienne de l'Europe, déchirant du même coup l'acte du Baptême de Clovis, et l'acte du Couronnement de Charlemagne, et le *Credo* dix-huit fois séculaire de la civilisation, allait essayer, à ses risques et périls, de rester un grand peuple sans l'Église, et bientôt sans Jésus-Christ, et dans trois ans sans Dieu.

Eh bien ! mes frères, j'ose affirmer, parce que nous savons, nous autres, ce que c'est qu'un cœur d'évêque, que M. de Pressigny, quand il imposa les mains à Jean-Marie de la Mennais, appelant sur lui comme un homme qui a reçu le pouvoir de l'appeler, l'Esprit de Sagesse, l'Esprit de Conseil, l'Esprit de Force et de Courage, son œil voilé de larmes s'efforça de pénétrer, par le même regard, l'avenir de ce jeune chrétien, et l'avenir du pays dont il recevait en ce moment le plus noble héritage. Il pria, ce Pontife si près de l'exil, pour la génération qu'il avait enfantée à la vérité, et pour les générations qui allaient naître au milieu des combats de l'enfer contre la vérité. L'ange de son Église lui demanda-t-il

alors : Penses-tu que cet enfant suffise à relever tant
de ruines? *Quis putas iste puer erit?* (4) Lui fut-il donné
de voir, à l'extrémité de son diocèse, des points lumi-
neux marquer, trente ans d'avance, les étapes de la re-
conquête? Je ne sais, Mes Chers Frères; mais je sais que
Ploërmel et Malestroit étaient des paroisses de cet
évêché de Saint-Malo, la patrie de Jean, et le bercail
de M. de Pressigny. Vous paraît-il bien sûr que ni les
Frères de Ploërmel, ni les Prêtres éminents qui sortirent
de Malestroit, n'ont rien recueilli de cette prière
suprême?

Quant à Jean, c'est bien ce jour-là (nous le savons
de lui) que sa route lui fut montrée, qu'il la regarda
de ce regard ferme et clair que nous avons connu, et
qu'il répondit à Dieu dans le secret de son cœur : Seigneur, me voici, je marcherai, *Ecce ego, mitte me* (5).

Nous sommes assez près des récits de nos pères,
pour savoir s'il y eut alors quelque mérite à rester
simplement fidèle. Mais ce mérite, en Bretagne, était,
grâce à Dieu, celui du vulgaire. Le peuple aurait laissé
se pulvériser dans le ridicule l'Église Nationale avortée,
si l'on pouvait rire en ce pays des monstruosités
sacriléges, et si les prêtres intrus n'eussent pas été
suivis d'une escorte de bourreaux. Mais pour Jean
de la Mennais, être chrétien ne pouvait pas suffire.
Qu'était-ce qu'aller chercher, même au péril de sa vie,

(4) Luc. I. 66.
(5) Isaï. VI. 8.

les vrais pasteurs du troupeau, cachés au fond des landes, ou parmi les rochers de la grève ? Qu'était-ce que dire, en dépit d'un décret de l'Assemblée Nationale, ce que l'assemblée des Apôtres avait écrit : *Je crois en Dieu ; je crois en Jésus-Christ ; je crois en l'Église, Une, Sainte, Catholique, Apostolique ?* Le peuple, autour de lui, faisait toutes ces choses. Mais être, en y risquant tous les jours sa tête, le lien qui rattache un peuple à l'Église, et par l'Église à Jésus-Christ, et par Jésus-Christ à la vie, telle était l'ambition qu'il sentait à la hauteur de son courage.

Ah ! Mes Frères, fut-il jamais un meilleur temps pour marcher à la suite de Jésus-Christ sous la pourpre de son sacerdoce ?

Le siècle qui s'achevait avait érigé en doctrine le mensonge hardi, et nous savons le chemin que cette doctrine a fait dans le monde. Pour ne parler ici que du Clergé, que n'avait pas fait l'infatigable coalition de toutes les incrédulités et de tous les vices, pour habituer le peuple à cette idée, que le sel de la terre s'était affadi ? Espérons qu'un jour, et ce jour a commencé de poindre, l'histoire réduira aux strictes proportions de la justice, cette accusation de relâchement général, qui fut vague à son début, parce qu'elle avait besoin de l'être, mais qu'il serait honnête enfin de circonscrire et de prouver. A mesure que les Lasalle et les Monfort sortiront de leur sainte obscurité, en compagnie de Benoît Labre le mendiant, et de Louise de France, la royale Carmélite échappée de Versailles, on saura si la corruption de l'esprit et du cœur put s'établir dans notre pays, sans que l'Église protestât à sa manière, en continuant d'y produire des Saints. L'Histoire dira par quelles mains furent affaiblis ces liens sacrés de la discipline ecclésiastique, qui font les saints prêtres comme les saints religieux ; elle dira comment l'autorité de l'Église fut jalousée, amoindrie, à la fin supprimée ; elle dira comment les Lois de l'Église, ces lois qui ont élevé tous les peuples civilisés du monde, furent reléguées à un arrière-plan de plus en plus imperceptible ; elle dira comment la notion même de l'Église fut faussée, comment l'œuvre des conseils éternels de Dieu, l'objet de l'attente quarante fois séculaire des nations, la conquête du Sang de Jésus-Christ, la Société dont la création renouvela la face de la terre, put bien être considérée comme un de ces rouages accessoires, que tout législateur d'un jour peut déplacer, ou même supprimer suivant son caprice. Ah ! l'Histoire dira surtout comment le Chef visible de l'Église vit s'élever, entre la France et lui, avec les débris de vingt hérésies et la poussière d'une philosophie sans Dieu, je ne sais quelles Alpes de défiance et de préjugés, trop faible barrière pour arrêter la vie, mais obstacle assez résistant pour empêcher qu'elle circulât abondante et généreuse, et que la réforme vînt toujours à son heure d'où seulement elle pouvait venir.

Quoi qu'il en soit, le Clergé allait montrer si les routes du Calvaire lui étaient inconnues. Ces prétendus Évêques de cour, ces hommes mûrs, disait-on, pour toutes les complaisances, siégeaient en grand nombre à l'Assemblée nationale, quand elle se décida à risquer hardiment sa première attaque contre les consciences sacerdotales. Or, voici la première réponse qui fut infligée aux législateurs du schisme :

« Les sacrifices de la fortune me coûtent peu ;
» mais il en est un que je ne saurais faire, celui de
» votre estime et de ma Foi ; je serais trop sûr de
» perdre l'une et l'autre, si je prêtais le serment qu'on
» exige de moi. Je ne jurerai pas (6). » On retrouva, sur tous les siéges, le *non possumus* (7) des Apôtres adhérant à la réponse de Pierre ; et de cent trente-cinq Évêques français, quatre seulement consentirent à rester citoyens en devenant apostats.

Les Jacob et les Expilly vinrent se faire donner en Bretagne de rudes leçons par les plus humbles prêtres. Expilly suppliait son vicaire d'accepter pour un serment la paroisse de St-Martin de Morlaix, que lui-même avait échangée pour l'Évêché constitutionnel du Finistère. — Comment, lui disait-il, ferez-vous donc pour vivre ? — *Monsieur le Recteur*, répond le vieux prêtre breton, s'obstinant à ne pas reconnaître un épiscopat

(6) M. de Bonnac, Évêque d'Agen.
(7) Act. apos^t. IV. 20.

sacrilége ; *monsieur le Recteur, comment ferez-vous pour mourir?*

Jean de la Mennais, à mesure qu'une phase nouvelle de cette grande histoire se développait sous ses yeux, sentait plus vivement que l'heure des volontés fortes était venue.

Il voyait traîner en prison ceux dont on avait découvert la retraite et constaté le crime de fidélité à Dieu ; il voyait les navires et les barques des pêcheurs se charger tous les jours de fugitifs ou de proscrits, qui s'en allaient mourir martyrs à la Guyane, ou bien, apôtres dispersés, apporter au-delà de la Manche la Foi que leurs pères avaient reçue des moines de saint Patrice et de saint Colomban ; il voyait le Sacerdoce catholique remis en possession d'un droit spécial au sacrifice, à la persécution, au martyre. Des Carmes de Paris, de la Chartreuse d'Auray, de la Loire, du Rhône, et de cent échafauds, des voix ivres de sang sacerdotal jetaient à l'Église le défi du Calvaire : « *S'il est le Fils de Dieu, qu'il descende* » *maintenant de la Croix* (8). » L'Évangile devenait plus clair.

Le chemin du Sacerdoce était plus que jamais redevenu l'âpre sentier qui débute par toutes les séparations, traverse toutes les douleurs, se heurte à tous les dangers. Comme aux plus grands jours de l'apos-

(8) Si filius Dei es, descende de cruce. MATTH. XXVII. 40.

tolât, la pauvreté en était la porte unique ; un travail incessant la nourriture du voyage ; des contradictions, des rebuts, des injures, des menaces, des calomnies, des persécutions, la mort peut-être, étaient le seul salaire assuré dans cette vie au courageux voyageur de la parole évangélique. C'était bien encore Bethléem et le Calvaire, et les Pharisiens, ou les ingrats, ou les aveugles, échelonnés entre les deux termes. C'était bien là le Sacerdoce qu'il avait entrevu aux pieds de son Évêque. Il lui semblait, nous a-t-il répété souvent, que la voix de Jésus-Christ se faisait plus distincte chaque jour ; et que les évènements disposés autour de lui par la Providence de Dieu ou par sa Justice, donnaient un éclat plus saisissant à la formule de son appel : *Si quis vult post me venire, abneget semet-ipsum, et tollat crucem suam, et sequatur me* (9). *Si quelqu'un veut venir après moi, qu'il renonce à lui-même, qu'il prenne sa croix et qu'il me suive.* Soit qu'il cherchât à découvrir, par dessus les flots de la mer, les rivages de la Grande Nation égarée dans sa force, soit qu'il tournât son regard vers les rochers de Cancale ou ceux du cap Fréhel, du côté de cette France où la persécution ne se lassait pas de multiplier les vides, il ne voyait partout que la grande guerre, les peuples et les princes des peuples insurgés

(9) Matth. XVI. 24.

contre le Seigneur et contre son Christ (10), et l'Église,
assurée de vaincre, offrant à de nouveaux apôtres le
même martyre et la même couronne qu'aux premiers.
Il lui tardait d'avoir vingt ans.

Une semence tombée si manifestement de la main
de Dieu même, gardée par lui avec tant d'amour, au
moment où elle commençait à germer, et devait, ce
semble, être déracinée par tant d'orages, ne pouvait
manquer de trouver, quand l'heure serait venue, les
soins et la culture dont elle avait besoin pour se déve-
lopper et grandir. Et pourtant, quelle solitude s'étendait
alors autour des âmes !

Si la foi qui voulait vivre à tout prix, si la piété
même, pouvaient à force de constance et de patiente énergie, trouver quelque part un dispensa-
teur du Sang de Jésus-Christ, la parole qui absout,
et le pain qui ranime ; c'est que le plus humble
prêtre, c'est qu'un vieillard usé par l'âge, suffisait
rigoureusement à cette tâche, pourvu qu'il fût un
représentant légitime de l'autorité de l'Église. Mais un
dépositaire de la science sacerdotale ; mais un homme
capable d'en conduire un autre depuis les généreuses
aspirations de la foi naissante, jusqu'à la sainte maturité
du ministère des âmes ; mais un second Ananie enfin
pour ce second Paul, conquis autrement que le premier

---

(10) Quare fremuerunt gentes, et populi meditati sunt inania ?
Adstiterunt reges terræ, et principes convenerunt in unum adversus Dominum, et adversus Christum ejus. Ps. ii. 1. 2.

par la prédication des martyrs; où donc, en France, était-il possible de le rencontrer ? Les hommes d'étude avaient disparu, bannis ou traqués plus jalousement encore que les hommes de prière. Ce que l'on interdisait par-dessus tout à l'Église, dans ces jours si bien appelés de TERREUR, c'était d'enseigner toutes les nations (11).

Dieu se devait d'y pourvoir, Dieu y pourvut.

Un des prêtres que la révolution dispersait aux quatre vents du ciel, arrive un jour du fond de la Picardie sur les côtes de Bretagne. Il ne songeait qu'à fuir d'une cité dans une autre, suivant la parole du Maître (12), et c'était moins Saint-Malo qu'il cherchait que la mer. Mais Dieu avait écrit pour lui sur cette plage : *Tu n'iras pas plus loin.* D'une part, les prêtres fidèles ne suffisaient plus à la tâche; un étranger, inconnu de tous, avait plus de chances qu'un autre d'échapper aux perquisitions. D'un autre côté, Jean de la Mennais, Jean, avec son regard où étincelait déjà ce que des juges peu suspects appelleront plus tard son génie ; Jean, avec sa foi si vive, son cœur si ardent, son intelligence si puissante, Jean, avec sa noble soif de savoir, et sa soif plus noble encore de travailler pour l'Église et de souffrir, Jean de la Mennais fut placé par la main

(11) Euntes docete omnes gentes. MATT. XXVIII. 19.

(12) Cum autem persequentur vos in civitate ista, fugite in aliam. MATTH. X. 23.

2

de Dieu sur la route du fugitif; et l'abbé Viel ne songea plus au départ.

Ce jour-là, Dieu nous avait donné deux Apôtres.

Si vous voulez, Mes Frères, savoir comment se passa cette jeunesse désormais protégée, et jusqu'à quel point fut austère, virile, pleine de prière et de fortes études, l'éducation cléricale de votre Père; cherchez, non plus à Saint-Malo, mais depuis les bords de la Rance jusqu'aux bords du Douron, et depuis l'Océan jusqu'aux Montagnes-Noires, quels souvenirs réveillera le seul nom de M. Viel, quand vous le prononcerez devant un prêtre, et sur la terre de Saint-Brieuc. Je l'ai vue, et j'en remercie Dieu, cette belle et douce figure du vieillard, où le concert jamais interrompu, de l'amour paternel des âmes et d'une sainte familiarité avec Dieu, avait laissé cette empreinte ineffable qui distingue les Saints, et que l'on ne peut contempler à loisir sans que le cœur se dilate et s'épanouisse. Oui, je l'ai vu; mais que d'autres vous disent tout ce qu'il y avait en lui de vraie sagesse, de science sacerdotale, d'amour filial pour l'Église de Jésus-Christ. Qu'ils vous le disent, ces prêtres qui ont eu l'insigne bonheur de recueillir les derniers enseignements de sa longue expérience, qu'il a formés pour le Sanctuaire, qu'il a présentés à l'imposition des mains : Il me suffit à moi de vous rappeler que celui qu'il nommait son élève par excellence, son fils, son Jean-Marie, son œuvre, c'était Jean de la Mennais.

Ainsi, quand notre pays recouvra, non pas encore l'entière liberté de vivre en plein soleil de la vie de l'Église, mais assez de calme et de conscience de ses désastres, pour qu'il fût permis à la Foi chrétienne de prendre quelqu'essor, votre Père était déjà mûr pour commencer sa vie d'apôtre. Même avant qu'il fût prêtre, il préparait au sacerdoce les jeunes gens qui se hâtaient, comme lui, de se porter au secours des âmes. Quand il reçut l'ordination sacerdotale des mains de l'Évêque de Rennes, il vit, sans doute, couchés près de lui sur les dalles du Sanctuaire, plusieurs de ceux que son maître et lui tenaient prêts à répondre au premier appel.

Le voilà donc armé pour la guerre de Dieu, ce volontaire de la Croix. Mais par où commencera-t-il la série de restaurations qui doivent remplir soixante ans de sa vie ?

A vrai dire, il n'y avait plus de clergé en France. Dix ans de stérilité imposés à toutes nos Églises, auraient dû suffire et au-delà, pour achever l'œuvre de destruction, et spécialement pour éteindre le sacerdoce ; si Dieu, à côté des rares vétérans de la dernière bataille, n'avait tenu en réserve quelques âmes fécondes comme celle dont nous étudions les œuvres. Il n'y avait plus d'Ordres Religieux. Ces forteresses, dont l'ennemi sait bien quelle est la puissance pour arrêter les envahissements du mal, avaient été, comme toujours, les premières atteintes par la foudre révolutionnaire. Trente ans d'avance, *l'esprit moderne,* qui allait se donner carrière, avait eu soin de faire disparaître celle de ces phalanges apostoliques qui aurait le plus gêné son travail de destruction, soit en élevant la jeunesse française dans la crainte de Dieu et l'amour de l'Eglise, soit en ayant de rudes joûteurs toujours prêts pour les saintes luttes de la parole. Après la Compagnie de Jésus, les enfants de S. Benoît et de S. Bernard, de S. Dominique et de S. François, de S. Bruno, de sainte Térèse, et tant d'autres, avaient disparu dans le gouffre, et, comme toujours encore, avant de se refermer sur le clergé régulier, il avait englouti, presque du même coup, le clergé séculier et toutes ses œuvres. Car c'était bien pour l'Eglise, telle que Dieu l'a faite, que ce gouffre s'était creusé.

Jean de la Mennais, ce hardi releveur de ruines, mit tout d'abord la main, avec une audace qui resta le trait distinctif de son caractère, aux ruines de l'autel. — Des prêtres d'abord! se dit-il, et après, tout ce que Dieu voudra! — Avec l'abbé Viel, pour tout corps enseignant; sa foi, pour toute ressource; un noble rocher breton, sa ville de Saint-Malo, pour point d'appui, il décida qu'il allait ériger un Séminaire. Etude des langues anciennes; enseignement complet de toutes les sciences sacrées; éducation absolument ecclésiastique, depuis l'enfance jusqu'à l'ordination; tout ce que le saint Concile de Trente a voulu; tout ce que S. Charles a réglé avec sa patiente énergie dans les incomparables assemblées de la Province de Milan ; la maison décretée renfermera toutes ces choses ; et bientôt, des hommes formés par lui s'en iront, sur tous les points de la Bretagne, restituer aux âmes affamées la parole et les sacrements de Jésus-Christ.

Mais où donc étaient ces murs dont la destination était si bien arrêtée ? Quand il fut prêt à commencer, il aborda, sur le quai de Saint-Malo, un homme dont il avait jugé la foi.—Vous n'avez pas de famille, lui dit-il, je veux vous en donner une. La Sainte Eglise a besoin de votre maison pour y élever des prêtres. Mon vieux maître et moi nous en sommes les professeurs. Vous serez notre hôte, et Dieu vous paiera.

Le lendemain, les élèves affluaient au Séminaire de Saint-Malo. Il fallut bientôt en élargir l'enceinte. Et quand, au bout de huit années seulement, les nécessités de la législation forçaient l'Evêque de Rennes à opter entre cet établissement et celui de sa ville épiscopale, Jean de la Mennais laissa près de son berceau un collége qui devrait porter son nom, et s'en alla enfanter d'autres œuvres. Le-jeune professeur de théologie put déjà remercier Dieu ; car il avait mis au jour les aînés du clergé breton de la seconde race.

Pour le suivre désormais, d'un pas égal au sien, dans cette course à peine commencée, il faudrait, Mes Chers Frères, que ma parole eût le secret de mener de front plusieurs récits, comme il menait de front les œuvres les plus diverses.

Il y a, dans les forêts de l'Afrique et de l'Inde, un arbre dont chaque branche, se projetant d'abord aussi loin que le permet le poids de son feuillage, arrive doucement à appuyer son extrémité sur la terre, produit au point de contact des racines et de nouveaux rameaux, forme un nouveau tronc qui étend à son tour ses fruits et son ombrage, si bien qu'au bout de quelques années ce groupe majestueux est à la fois un arbre et une forêt. Chaque rejeton vit de sa propre vie, et pourtant le vieux tronc primitif continue de partager entre tous sa sève toujours abondante, et son inépuisable fécondité. Je ne sais s'il existe quelque part une plus fidèle image de la fécondité apostolique.

Le saint abbé Jean (c'est ainsi qu'on l'appelait déjà) n'était pas seulement, depuis son ordination, fondateur, professeur, directeur de séminaire, chef d'une véritable École normale, où de jeunes prêtres se formaient sous sa direction, à la pratique de l'enseignement. Il avait accepté, en outre de tous ces titres, celui de vicaire de St-Malo ; il était le confesseur d'un grand nombre de fidèles ; il était le prédicateur de toutes les chaires ; et, ne tenant dès lors aucun compte des distances, se multipliant, pour ainsi dire, au point de ne pas laisser un seul appel sans y répondre, il accomplissait à la lettre cette effrayante règle apostolique, que S. Paul traçait de main de maître à son disciple chéri : *In omnibus labora, opus fac evangelistæ, ministerium tuum imple* (13). *Mets la main à tout travail, fais l'œuvre d'un évangéliste, remplis ton ministère.* Le ministère, la vocation de cet homme, fut bien de faire tout ce que fait l'Eglise.

Au moment même où sa poitrine épuisée réclamait impérieusement le repos le plus absolu, il arriva que M. de Caffarelli fut placé sur le siége épiscopal de Saint-Brieuc. L'abbé Jean de la Mennais avait déjà conquis la confiance et la vénération de toute la Bretagne ; la charge épiscopale, si particulièrement lourde en ce temps-là, avait besoin d'être allégée par le dévouement énergique d'un saint prêtre, qui connût à fond les besoins actuels du pays et ses ressources vivaces ; ces deux hommes devaient nécessairement se rencontrer. Jean de la Mennais devint en effet le Vicaire Général du nouvel Evêque. Dieu le mettait, il faut le dire, à une école digne de lui. M. de Caffarelli était un de ces cœurs noblement chrétiens, qui sentent, comme des fils bien nés, la dignité de leur Mère, la Sainte Eglise ; et je pourrais, en racontant des faits que son diocèse n'a point oubliés, montrer comment il entendait que c'est aux Evêques seuls, unis et subordonnés au Pontife romain, qu'appartient le droit de gouverner le Royaume de Dieu sur la

____

(13) II. Timoth. IV. 5.

terre (14). Ce seul point de ressemblance explique suf-
fisamment la fraternité des deux âmes. Or, bien que
le soldat de Jésus-Christ fût destiné, contre toute appa-
rence, à vivre et à mourir simple soldat, l'avenir
montra bientôt qu'il ne pouvait se passer d'aucune des
mâles vertus qui font les grands Evêques.

La mort de son ami rendit le siége vacant. Le
Chapitre de Saint-Brieuc pouvait-il prévoir que le
Vicaire Capitulaire aurait à lutter pendant cinq ans
contre toutes les difficultés du dedans et du dehors?
Toujours est-il que l'Esprit de Dieu dirigea manifestement son choix. Il se mit résolument au-dessus d'un
préjugé plus général qu'il n'est canonique; et, sans
se laisser toucher par cette considération, que l'abbé
Jean de la Mennais appartenait à un autre diocèse,
bénissant plutôt Dieu de trouver dans le même homme
la vigueur du caractère et l'indépendance des re-
lations, il lui conféra tous les pouvoirs dont il était
dépositaire.

Les dates ont ici une singulière importance. Quinze
ans ne s'étaient pas écoulés depuis le Concordat. Il
n'y en avait pas vingt-cinq depuis que le Schisme avait
commencé son œuvre, miséricordieusement interrom-
pue, de destructions et de scandales. Or, nous ne
savons plus assez qu'une certaine liberté rendue à

(14) Attendite vobis, et universo gregi, in quo vos Spiritus
Sanctus posuit episcopos, regere Ecclesiam Dei, quam acquisivit
sanguine suo. ACT. APOST. XX. 28.

l'Église n'avait pas, beaucoup s'en faut, fermé tout d'un coup ses blessures. Que de paroisses, longtemps ravagées par des loups, mal couverts de la peau de brebis (15), n'avaient pas encore pu se rasseoir des ébranlements les plus funestes ! Que d'autres avaient subi des repentirs douteux, et s'étaient vues forcées de garder, tardivement réconciliés avec l'Église, ceux qui, la veille encore, étaient justement un objet d'horreur ! Que d'influences perverses, établies à la faveur de la tempête, devaient à peine être supprimées par la mort ! Que de chaires muettes, que de populations oubliées, que de mauvaises doctrines habilement jetées au milieu des ignorants ou des simples ! Il fallait que le Vicaire Capitulaire de Saint-Brieuc fût à la fois un grand Missionnaire et un grand Évêque. En vérité, j'oserai dire que Jean de la Mennais fut l'un et l'autre ; et j'ai la conscience que ni l'Église de Saint-Brieuc ni l'histoire ne me démentiront.

Évêque, signifie surveillant. C'est l'œil toujours ouvert, c'est la parole toujours prête, c'est la main toujours ferme, le cœur toujours ardent, l'intelligence toujours lumineuse, la volonté, flexible peut-être, mais invincible. Et pour tout dire dans une de ses formules à lui : « Zèle de feu, courage de fer. »

L'amour de l'Église devenait plus actif et plus fécond

(15) Attendite a falsis prophetis, qui veniunt ad vos in vestimentis ovium, intrinsecus autem sunt lupi rapaces. MATTH. VII. 15.

dans le cœur de l'homme apostolique, à mesure qu'il voyait de plus près combien elle avait besoin d'intrépides serviteurs. On le voyait apparaître, à quelques heures de distance, sur les points les plus éloignés de cet immense diocèse. Fallait-il exercer quelque part un de ces actes énergiques, devant lesquels les volontés les mieux trempées reculent quelquefois, il n'en rejetait jamais le fardeau sur un autre. Lui-même allait aborder de front les difficultés jugées les plus insurmontables; fortifier un de ses prêtres menacé dans son repos ou paralysé dans son action; prononcer en personne, et faire exécuter sur l'heure la sentence qui sauve; porter son fer et son feu partout où un mal invétéré appelait le remède suprême. Et puis, avant que l'on eût même soupçonné son départ, on le voyait rentrer à cheval dans la Ville Episcopale, et reprendre dans son cabinet, comme s'il n'avait pas fait trente lieues, sa place de conseiller de tous. Le centre et la circonférence ne se le disputaient pas; ils le possédaient ensemble.

Qu'on ne s'imagine pas surtout que cette activité dans le gouvernement de près de sept cent mille âmes, fût le résultat d'un besoin fiévreux de se dépenser au dehors. S'il ne perdait jamais le sourire, la gaieté de parole et de regard, qui distinguent souvent les plus viriles natures, jamais non plus on ne trouvait en défaut la lucidité de son jugement ou le recueillement de sa pensée. L'avis qu'on lui demandait se produisait net, complet, affirmatif; on sentait près de lui la lumière de l'Église (16), comme on sentait que l'unique ressort qui donnait tant d'expansion à sa vie, était bien celui qui fait agir les Saints, le sentiment de l'honneur de Dieu et du salut des âmes.

Saint-Brieuc se transformait. Aux ruines que le schisme y avait, comme partout, amoncelées, succédaient toutes les créations fortes et fécondes que l'Église produit partout où elle règne, à condition qu'elle ait des représentants complets de sa vie. Le Séminaire, confié à M. Viel, que son fidèle élève s'était hâté d'attirer près de lui, vit remettre en honneur les grandes traditions de la science, de la piété, de l'abnégation catholiques. Des missions ordonnées, présidées, animées par l'infatigable Vicaire Capitulaire, remuaient jusque dans ses profondeurs cette vieille terre, où les racines de la Foi sont si tenaces, et l'on voyait refleurir dans toutes les villes les vigoureuses mœurs des anciens âges, auxquelles il ne manquait pour se relever, comme aux os desséchés vus par Ezéchiel (17), que le souffle de Dieu et la parole d'un Prophète. Les vieillards racontent encore quels prodiges enfantait cette voix vraiment prophétique :

(16) Vos estis lux mundi. MATTH. v. 14.

(17) Et dixit ad me : Fili hominis putas ne vivent ossa ista ? Et dixi : Domine Deus, tu nosti. Et dixit ad me : Vaticinare de ossibus istis : et dices eis : Ossa arida audite verbum Dei. EZECH. XXXVII. 3. 4.

ils redisent encore ces discours pleins de sève, où la brièveté même faisait ressortir l'autorité de la parole, et dont l'impétueuse éloquence était produite surtout par l'accent de la Foi.

Toutes les voix saluaient en lui le grand Missionnaire de la Bretagne, l'homme que le dix-neuvième siècle pouvait se croire en droit d'attendre, parce que Dieu n'a jamais manqué, la veille ou le lendemain des grands assauts, d'envoyer un nouvel apôtre à cette province privilégiée. La voix du peuple le proclamait ; car jamais orateur ne fut plus assuré de trouver partout d'immenses auditoires ; le succès d'une mission était assuré par cela seul qu'on y annonçait sa présence ; que de croix de pierre on montre encore, auxquelles le nom du saint homme se trouve attaché par la reconnaissance des paroisses, en même temps que le souvenir de leur régénération ! C'est au pied de ces croix que sa voix énergique et vibrante adressait aux pères de ceux qui vivent maintenant, une dernière sommation de garder leur Foi et de la transmettre. Sommations solennelles et vraiment divines, que la conscience des peuples n'oublie guère ; mais que la Justice de Dieu n'oublie pas ! Les prêtres n'étaient pas moins unanimes dans leur jugement ; le Clergé de Rennes, comme celui de Saint-Brieuc, considérait si bien Jean de la Mennais comme le type achevé des hommes apostoliques, qu'une Compagnie de Missionnaires s'étant formée dans le premier de ces diocèses, elle crut fixer la bénédiction de Dieu sur elle-même et sur ses œuvres, en le suppliant de devenir son Supérieur Général.

Il pourrait sembler que j'altère, en l'esquissant, les proportions de cette grande vie, tant j'arrive lentement à ce qui fut par excellence son œuvre, non seulement la dernière, mais la principale, on pourrait dire avec lui la seule ; car la volonté de Dieu et la sienne concoururent dans un accord merveilleux pour y concentrer et y résumer tout ce qu'il fut. Mais mon dessein unique, ou même mon dessein spécial, n'est pas de faire, ici surtout, l'histoire détaillée d'une Congrégation déjà bénie de Dieu, mais encore naissante. Je veux surtout, je dois, si je ne me trompe, dire ce qu'était en elle-même la pierre angulaire que Dieu a daigné placer dans les fondements de l'édifice.

Qu'on me permette donc de toucher encore à deux faits, et l'on verra de quelles tâches il faut qu'un homme soit reconnu capable par les hommes, avant que Dieu l'admette au douloureux honneur de fonder quoi que ce soit. Car, ne nous y trompons pas, depuis Saint-Malo jusqu'à Saint-Brieuc, et maintenant dans le cabinet de la Grande Aumônerie et dans la bibliothèque de Malestroit, nous n'étudions pas autre chose que le Noviciat d'un Fondateur.

Au point où nous en sommes, ceux qui ont le moins connu l'abbé Jean-Marie de la Mennais, comprendront désormais sans peine que le Cardinal de Croï en devenant Grand Aumônier de France, le choisit pour son Vicaire Général. Parmi les attributions qui se rattachaient de fait à son éminente dignité, figurait au premier rang le devoir de faire connaître au Roi les prêtres les plus capables de porter dignement la charge épiscopale. Qui pouvait mieux que cet homme, si fortement établi dans les grandes vertus ecclésiastiques, discerner dans les autres les caractères de l'apostolat, et mettre, comme à coup sûr, la main sur les héritiers des Ambroise et des Hilaire? Apôtre lui-même, et fermement décidé à porter tous les fardeaux, mais à refuser tous les honneurs, il avait tout ce qu'il faut pour être un juge merveilleusement compétent, impartial, et désintéressé, des grands mérites. Aussi le vit-on, pendant les trois années qu'il dérobait à regret à sa tâche définitive, exercer, comme jamais peut-être elle ne le fut, la sollicitude de toutes nos Églises. Bien des noms s'inscriront près du sien dans cette partie de son histoire, et l'on verra combien de flambeaux, placés par lui sur le chandelier, firent briller sur tous les points de la France la féconde lumière dont le foyer est à Rome. Pour lui, pressé de s'ensevelir en terre, comme le grain de froment qui ne veut pas rester seul (18), il quitta le plus tôt qu'il pût Paris et les hautes

______

(18) Nisi granum frumenti cadens in terram mortuum fuerit, ipsum solum manet. JOAN. XII. 24.

affaires, et vint se restituer à la Bretagne et au labeur obscur. Le bruit courut, et il nous a souvent avoué, que, renouvelant une dernière fois des instances jusqu'alors inutiles, on voulut le faire asseoir sur le siége de saint Corentin ; mais il s'était donné à la Congrégation, déjà née alors, de ses chers Frères ; et les hommes de sa sorte, quand ils se sont donnés, ne se reprennent pas.

C'est ici encore que, devançant un peu la série des événements, je dois dire quelque chose de sa Maison de Malestroit. Il me semble, en effet, que la pensée qui donna naissance à cette œuvre, conçue peut-être au milieu de ses travaux de professeur, de missionnaire, et d'administrateur, dût atteindre son entière maturité au milieu des graves préoccupations de la Grande Aumônerie. Là surtout, entouré des vénérables débris de nos splendeurs théologiques, il put mesurer de plus près la perte que l'Église avait subie, en voyant disparaître dans le gouffre de la révolution toutes ses vieilles Universités. Je m'imagine qu'il demanda souvent aux derniers docteurs de la Sorbonne : Comment se fait-il que, créés par l'Église catholique, et pour l'Église catholique ; vous si glorieux et si forts tant que vous n'avez écouté qu'Elle ; vous n'ayez pas repris votre place à son soleil, maintenant que le droit de vivre en France est rendu à votre Mère ?

La vie de l'Église, c'est la science ; établie pour enseigner, il faut qu'elle sache ; et, comme la vie qu'elle a mission de propager, a pour attribut d'être abondante et large (19); ainsi la sainte doctrine, qui est, avec le Sang de Jésus-Christ, son dépôt (20) par excellence, ne doit être dépassée, pour l'étendue ou pour la profondeur, que par la Science de Dieu. On ne reconnaît pleinement la Maîtresse des nations, que lorsqu'entre la chaire sacrée de ses Pontifes, et la chaire populaire de ses Apôtres, on voit s'élever la chaire savante de ses Docteurs.

Jean de la Mennais, si heureusement placé pour beaucoup obtenir, ne songea pas à demander que l'Etat relevât cette partie de nos ruines. D'abord, telle n'est pas la pratique de l'Église de Dieu. Les créations de son génie sont avant tout spontanées; et, ni les cent Abbayes qui, naguère encore, abritaient tant de savoir, ni les vingt Universités qui se partageaient l'honneur de garder le dépôt, ne durent leur fondation proprement dite, à un autre pouvoir que celui de l'Église. De plus, n'importait-il pas, le lendemain de tant d'orages, de fixer, ailleurs qu'au centre de tous les mouvements, le rendez-vous des hommes d'étude; et de leur offrir, loin de Paris, plus de silence et d'austère liberté? Malestroit fut choisi pour être le Cambridge ou l'Oxford de la France réparant les désastres du schisme. A la

(19) Ego veni ut vitam habeant, et abundantius habeant. JOAN. X. 10.

(20) O Timothee, depositum custodi, devitans profanas vocum novitates, et oppositiones falsi nominis scientiæ. I. TIMOTH. VI, 20.

voix du saint homme, on vit accourir des points les plus écartés de l'horizon, tous ceux qui se sentaient pressés de remettre en ce pays la grande science au service de la Foi.

Dieu permit que cette œuvre ne vécût qu'un petit nombre d'années, et c'est la seule parmi les siennes qui ne lui survive pas. Or, veut-on connaître la cause de cette unique lacune? Nous savons, et nous pouvons dire aujourd'hui, que lui, l'homme de l'effacement personnel, mais dont le génie semblait voir en tremblant la fin des choses, *spiritu magno vidit ultima* (21); il voulait répondre seul, devant Dieu et devant les hommes, de cette Ecole qui ne devait être, et qui ne fut que l'Ecole de l'Eglise. Si Jean de la Mennais en eût été le seul chef, quelle force, même satanique, aurait pu rompre le triple lien de la foi, de la science, et de l'humilité? Hélas! On ne le laissa pas seul!

Mais arrivons (n'en est-il pas bien temps) à tracer au moins les traits principaux de l'œuvre, qui, d'abord associée dans cette âme si féconde à celles dont j'ai présenté un tableau très imparfait, fut cependant toujours l'œuvre centrale de sa vie, comme elle en est la couronne, et s'il plaît à Dieu, la perpétuité terrestre.

On a vu que le sentiment de plus en plus vif des besoins de toute sorte qu'une longue désolation avait faits à l'Eglise, ne cessait de le pousser à entreprendre

(21) Eccli. XLVIII. 27.

à lui seul les restaurations les plus ardues. Pendant qu'il gouvernait le diocèse de Saint-Brieuc, il avait vu partout les vides que le Schisme avait faits dans l'éducation de l'enfance. L'un de ses premiers soins avait été de rappeler dans la Ville Episcopale les Frères des Ecoles chrétiennes. Grâces à lui, pour qui les impossibilités humaines étaient un défi toujours accepté par la Foi, toutes les difficultés s'aplanirent, et les pères purent amener leurs enfants aux maîtres qui, trente ans auparavant, leur avaient, à eux-mêmes, enseigné le Catéchisme.

Bâtissant de la main droite, pendant qu'il réparait de la main gauche, il avait réuni sous le même toit quelques filles dévouées, et d'une piété forte, telles que la Bretagne les produisait autrefois par milliers, au premier appel d'une voix apostolique. Il leur avait dit : Vous serez des chrétiennes parfaites ; et vous nous élèverez des générations de femmes chrétiennes. Sa communauté de la Providence était née. Riche dès le premier jour de la bénédiction de Dieu donnée par une sainte main, elle entra d'un pas ferme, que quarante ans de marche n'ont pas encore ralenti, dans la carrière du dévouement obscur que lui ouvrait son Père. Aujourd'hui cette œuvre, issue de la mission de Saint-Brieuc, étend à plusieurs villes de Bretagne le bienfait qui avait semblé d'abord n'être destiné qu'à une seule ; et bientôt l'on ne comptera plus la postérité spirituellle de Jean de la Mennais, que comme les saints Livres comptent la postérité des Patriarches : *Et nati sunt ei filii et filiæ, et mortuus est* (22).

Il paraît que le gouvernement d'alors, par une de ces inspirations qui rendent justice à la maternité de l'Eglise, eut la pensée de restituer aux Evêques l'éducation de l'enfance catholique. Une circulaire rédigée dans ce sens, parvint au Vicaire capitulaire. Son cœur de chrétien tressaillit. Il écrivit à un grand nombre de Prélats pour les supplier, avec les plus vives instances, d'accepter sans hésitation cette offre libérale, qui consacrait un droit, et rendait possible l'accomplissement d'un devoir. Mais les difficultés de la situation restreinte où l'on se trouvait partout, firent prévaloir l'avis contraire. Comment disait-on, fournir des instituteurs aux paroisses, nous qui n'avons plus de prêtres à leur donner ? Comment songer à établir des écoles normales, nous qui ne pouvons qu'à grand'peine alimenter nos séminaires ? Le projet fut abandonné, parce que tous le jugèrent actuellement impraticable ; tous, sauf Jean de la Mennais, qui se promit, et promit à Dieu, de l'exécuter sur l'heure. Seulement, il crut limiter son ambition à la province de Bretagne, c'est-à-dire à cinq immenses diocèses et à trois millions de chrétiens ! Nous savons aujourd'hui s'il a rempli sa tâche, et si Dieu, comme toujours, a tenu beaucoup plus que son serviteur n'avait promis.

(22) Lib. Genes. *passim.*

Son modeste logis de Saint-Brieuc se remplit tout à coup des hôtes les plus étranges. De jeunes hommes que lui-même était allé chercher à leurs champs, à leurs filets, au retour d'une campagne de l'Empire, et dont il avait ému la forte Foi par le *sequere me* (23) du Maître, étaient devenus les écoliers et les commensaux du Vicaire Capitulaire. On le voyait se délasser du gouvernement des âmes, en donnant à ces hommes de bonne volonté des leçons d'arithmétique ou d'orthographe. Non pas certes que le concours le plus affectueux lui fît défaut ; son ami, l'abbé Viel, n'était-il pas là, avec sa tribu de Lévi ? Et quel prêtre de Saint-Brieuc n'eût mis avec bonheur la main à une œuvre de zèle, et à l'œuvre de l'abbé Jean ? Mais il fallait qu'il fût l'âme et le bras de ce travail ; plus la tâche était obscure, plus il tenait à honneur de l'accomplir en personne. C'était bien lui aussi que Dieu avait choisi pour recruter une fois de plus la sainte armée de l'Église , et donner son mot d'ordre : DIEU SEUL ! aux humbles sentinelles de la Foi.

Avant que l'on pût savoir dans le reste de la France que notre province n'avait pas désespéré d'elle-même, vingt paroisses avaient des instituteurs armés et formés au pied de l'autel, et les étrangers qui traversaient nos campagnes, saluaient avec respect l'humble croix des premiers Frères de l'Instruction chrétienne.

(23) Matth. XIX. 21. et al.

Je ne voudrais pourtant pas affirmer que l'œuvre, déjà si féconde et si bénie , portât dès lors le nom qui devait la distinguer au milieu de la grande famille religieuse. Les vrais fondateurs, procédant à la façon de Dieu quand il crée , produisent d'abord et ne se hâtent pas de nommer. Tout ce qu'il voyait nettement dès le premier jour, c'est que les serviteurs qu'il donnerait à l'Église seraient des Frères. Ce qu'il savait, c'est qu'ils puiseraient à la source de l'obéissance et du renoncement, assez d'infatigable courage pour sacrifier, lentement et jour par jour, une longue vie au service des âmes. Frères, c'est-à-dire inférieurs aux prêtres en dignité, ils contribueraient à refaire de l'Église une école de respect, en enseignant aux générations les plus ébranlées le respect pour le Sacerdoce. Frères, c'est-à-dire unis entr'eux comme les fils d'une même famille, ils acquerraient par cette étroite union, dont le sacrifice de soi est le lien, le droit d'imposer doucement silence aux murmures ou aux clameurs de la division, dont le schisme avait jeté partout la semence. Frères, c'est-à-dire Religieux, soumis par le choix d'une volonté libre et forte à une loi de perfection formulée par l'Église, ils seraient les modèles, au milieu du peuple chrétien, de cet esprit de discipline, auquel toutes les révolutions s'attaquent par dessus tout, parce qu'il est le secret qui rend les armées invincibles.

Mais voilà que, pendant qu'il élaborait, en l'accomplissant, sa courageuse pensée, Dieu suscitait pour le même ouvrage un saint prêtre comme lui, qui gouvernait l'une des paroisses les plus fidèles de la Bretagne. Quand le nom de M. Deshayes arriva jusqu'à lui, et qu'il apprit qu'une création toute semblable à la sienne vivait déjà d'une vie généreuse au diocèse de Vannes, tout autre que lui se fût arrêté peut-être, ou se fût hâté de donner à son œuvre une empreinte personnelle. Mais lui, qui savait si bien qu'il ne peut y avoir de rivaux dans l'Église, courut se jeter dans les bras du pieux recteur d'Auray ; et alors un contrat inouï intervint entre les deux serviteurs de Dieu, contrat qui déclarait partagé ce qui n'est pas partageable, contrat qu'il appelait gaiement son *Chef-d'œuvre de folie*, et qui avait bien en effet tous les glorieux caractères de la folie de la Croix. Les deux essaims réunis ne firent plus qu'une famille. Bien qu'on y reconnût l'autorité de deux Pères, le sentiment de l'unité y poussa plus que jamais de vigoureuses racines. C'est que ces deux hommes, qui s'effaçaient l'un devant l'autre, mettaient plus vivement en relief la Paternité de Dieu et l'autorité de son Église.

Désormais, plus de paroisse si pauvre qui ne puisse confier ses enfants à un serviteur consacré de l'Évangile. Plus de solitude inévitable dans le plus humble presbytère. Partout où l'on verra la place d'un instituteur, le discernement chrétien pourra établir un homme de Dieu ; et tous les progrès que le siècle ré-

clame ayant pour interprète et pour organe une bouche
qui se doit au langage de la vérité, le niveau des
connaissances humaines s'élèvera, sans que le niveau
de la connaissance de Dieu s'abaisse. Et, dans l'accomplissement de cette tâche, un vaste pays, non-seule-
ment ne demandera rien aux pays chrétiens qui
l'avoisinent, mais commencera bientôt le plus magni-
fique partage de ses richesses apostoliques. On verra
ce que l'histoire même de l'Église n'a présenté qu'une
fois ou deux à d'immenses intervalles, une Congrégation religieuse exclusivement formée d'hommes de la
même race, fournir, aux dépens d'une seule province,
des catéchistes à vingt autres. L'Anjou, le Maine, la
Gascogne, la Normandie, l'Angleterre, les Antilles, la
Guyane, Taïti, donneront à leurs enfants des maîtres
chrétiens envoyés par la Bretagne. La Bretagne res-
semblera par ce trait de plus à l'Irlande sa sœur, qui,
après avoir, au début de son histoire si constamment
catholique, envoyé des Apôtres à la moitié de l'Europe, donne aujourd'hui au monde entier des types
de la Foi courageuse et bien gardée.

Enfanter un pareil résultat serait bien quelque chose,
même à ne prendre les termes de comparaison que
dans le christianisme. L'intrépide Fondateur fit plus
pourtant ; il gouverna pendant quarante ans ce corps
d'armée qu'il donnait à l'Église. Visitant chaque année,
ses Frères à leur poste de combat, il allait vérifier par
lui-même que l'œuvre de Dieu s'accomplissait partout,

sans altération ni défaillance. Un abus menaçait-il de s'introduire; le regard pénétrant et ferme du Père le découvrait sur le champ, et d'un mot bref, où nul ne savait mieux que lui associer la tendresse à l'autorité, il arrachait le germe perfide, et ne s'éloignait guère sans qu'un sourire affectueux le remerciât de sa vigilance. Quelque fil déjà trop tendu était-il sur le point de se rompre, dans les rapports délicats qui enveloppent comme un réseau toute la vie d'un instituteur; le Père, armé de sa longue expérience des hommes, des lois, de l'administration sous toutes ses formes, voyait vîte et disait nettement de quel côté était le tort, ou bien quelle était la cause précise du malentendu; et sa présence avait supprimé la difficulté que l'on avait pu croire inextricable.

Mais le nerf de son gouvernement c'était la Retraite annuelle. Tous les ans, les Frères distribués dans toute la Bretagne, venaient à Ploërmel respirer pendant huit jours l'air de leur noviciat; se retremper dans la pensée de l'éternité qui fait les âmes droites; juger leur vie entre l'autel de leurs premiers vœux et les tombeaux de leurs compagnons; mais surtout entendre, un à un, la parole du Père. Les prêtres les plus zélés de la Bretagne, qui avaient vu naître cette œuvre, et l'avaient aidée à grandir; plus tard, les Pères de la Compagnie de Jésus, ces maîtres si dévoués et si sûrs de la vie religieuse; venaient prendre une large part aux rudes travaux de cette semaine.

Mais c'était bien encore lui le travailleur par excellence. Dès le point du jour, et longtemps encore après le coucher du soleil, presque sans une heure de répit, l'armée entière venait défiler lentement aux pieds du Chef. Chacun venait à son tour s'agenouiller devant lui. Et lui, la main sur la tête de ce fils qu'il nommait sur le champ, dont il évoquait sans effort toute l'histoire, interrogeait en deux mots, faisait voir et voyait dans la conscience ; communiquait, pour ainsi dire, la force et la joie par son regard ; et celui qui s'en allait béni par sa main vénérable, retournait au combat, le cœur dilaté par cette pensée, qu'il avait toujours été présent au souvenir du Père.

Jésus—Christ , au moment d'ordonner à douze pêcheurs ignorants d'aller enseigner tous les peuples du monde (24), voulut ressentir dans son humanité troublée l'émotion que tous les saints Fondateurs devaient traverser après lui. *Père saint, l'heure est venue*, dit-il en levant les yeux vers le ciel ; *Père saint, conservez en votre nom ces hommes que vous m'avez donnés* (25). Et il pria pour eux , non pas pour qu'ils fussent retirés du monde, qu'ils étaient destinés à guérir, mais pour que, vivant au milieu du mal , ils fussent préservés de ses atteintes (26).

(24) Euntes ergo docete omnes gentes. MATTH. XXVIII. 19.

(25) Pater, venit hora..... Pater sancte, serva eos in nomine tuo quos dedisti mihi. JOAN. XVII. 1. 11.

(26) Non rogo ut tollas eos de mundo, sed ut serves eos a malo. JOAN. XVII. 15.

Le bon serviteur dont nous avons raconté les travaux sentait aussi que sa tâche personnelle était achevée. Quarante ans avaient passé sur son œuvre. Mille Religieux, enrôlés par lui sous la bannière de la Croix, élevaient plus de cent mille enfants dans la crainte de Dieu et l'amour du devoir. Aux yeux des hommes, le succès était complet et l'avenir assuré ! Mais lui, l'humble prêtre, en jugeait autrement. Il attendait d'ailleurs le gage de l'accroissement et de la durée. Prosterné aux pieds de Celui qui est la plus haute personnification de la paternité sur la terre : Père saint, lui dit-il à son tour, adoptez, bénissez, conservez, au nom de l'Eglise dont vous êtes le Chef, ces hommes que la Foi de l'Eglise a réunis autour de moi.

Vous savez, mes chers frères, avec quelle effusion de tendresse, j'oserais presque dire d'admiration et de reconnaissance, le Vicaire de Jésus-Christ accueillit cette prière. Vous savez dans quel langage paternel il bénit le saint Patriarche et sa postérité. Ah ! nous pouvons bien vous dire avec votre Fondateur : « Soyez » donc attachés à ces règles saintes, aussi fortement » que l'est un vaisseau à l'ancre qui le rend immobile » au milieu des tempêtes. » Nous pouvons vous dire encore : Rentrez avec confiance dans vos rudes combats de tous les jours, Frères de l'Instruction Chrétienne ; car des mains de votre Père, c'est aux mains de l'Eglise que vous avez passé.

Il manquerait pourtant quelque chose à cette vie d'Apôtre, si elle n'avait reçu dans sa plus rigoureuse intégrité, la consécration de la douleur. Vous trouvez sans doute aussi, Mes Chers Frères, qu'il manque un nom et un souvenir parmi les enseignements que j'y ai cherchés pour vous. Eh bien ! voici ce nom dans toute son amertume, ce souvenir dans tout son poids.

Votre Père voulut, il y a six ans, revoir la maison qui avait abrité tout ce qu'il aimait le plus au monde, après l'Eglise. Oui, moins que l'Eglise, mais plus que vous ! C'était le 28 juin 1854. Escorté de deux ou trois prêtres, qui savaient de combien d'espérances c'était là le tombeau, il s'en alla ouvrir la chapelle de la Chesnaie, et dit la messe à cet autel. Avant de quitter la terrasse silencieuse, son regard se fixa sur les fenêtres d'une chambre, dont il semblait attendre encore l'habitant. Les bras tendus vers une image que lui seul apercevait, il cria de toute sa force : FÉLI, FÉLI, OU ES-TU (27) ? Et le saint vieillard tomba comme foudroyé sur la terre.

Quelques instants après, il revenait en se hâtant vers ses Frères de Ploërmel. Dieu voulut qu'il y portât encore, comme les Saints portent leur fardeau, l'inexorable mémoire de sa vie brisée en deux ; trente ans d'une gloire qu'il avait semée sans en vouloir sa

(27) C'est ainsi qu'on appelait, dans sa famille, l'auteur de l'*Essai sur l'Indifférence*, FÉLICITÉ de la Mennais.

part, et trente ans de croissantes angoisses qui devaient aboutir au cri lugubre que vous avez entendu.

« Faisons du bien, » disait-il aux confidents de ses larmes ; faisons du bien, « car on a fait beaucoup de » mal ! »

Pour les hommes dont la carrière se fournit ainsi d'un seul élan, la mort n'est presque pas un sommeil, encore moins une défaillance ; ils ne s'arrêtent pas pour mourir. Leur vaste front garde jusqu'au dernier instant l'expression lisible de la pensée ; leur œil, plus souvent baissé, a pourtant toujours de ces éclairs qui sont la splendeur du génie ; leur voix, douée de cet accent chrétien qui est celui de la virilité humaine élevée au-dessus de la nature par le souffle de Dieu, articule nettement jusqu'au bout le *oui* et le *non* de la fermeté apostolique (28) ; leur cœur, familiarisé de longue main avec la vaste notion de la vie, aperçoit de plus près, sans effroi comme sans surprise, le terme qu'il voyait distinctement de loin, terme où finit un jour, mais où le vrai jour commence. Ils entrent, sans chanceler, de l'ombre dans la lumière, de la guerre dans la conquête, et du temps dans l'éternité. S'ils se reposent enfin, c'est que l'ordre du repos est donné ; et que l'Esprit, entendu par l'Apôtre de Patmos, quand il proclamait la béatitude des saintes morts, commande que le soldat de Dieu se repose, et que les

(28) Sit autem sermo vester : Est, Est ; non, non. MATTH. V. 37.

Anges présentent avec lui les trophées de ses œuvres au tribunal de Dieu (29). C'est pour ceux-là que l'Eglise emploie, sans les voiler, toutes les saintes hardiesses de son langage. Comme elle leur disait au début : Entre dans la vie, et garde les commandements (30); ainsi, au dernier pas, elle leur dit : Pars de ce monde, âme chrétienne (31). Et l'œil fixé sur l'œil du Juge, la main dans sa main, inclinant plutôt les armes du combat qu'ils ne les déposent, ils répondent sans trembler, parce que le Seigneur est leur salut (32), comme ils répondirent, il y a soixante ans et plus, en commençant la bataille : *Me voici, Seigneur, car vous m'avez appelé* (33).

Heureux témoins de tous les grands jours de sa vie, dites-le au monde entier, n'est-ce pas ainsi que mourut Jean de la Mennais?

Chantez donc, sainte Eglise de Jésus-Christ, chantez votre cantique du repos et de la lumière ! (34) car

---

(29) Et audivi vocem de cœlo, dicentem mihi : Scribe : Beati mortui qui in Domino moriuntur. Amodo jam dicit Spiritus, ut requiescant a laboribus suis : opera enim illorum sequuntur illos. APOCAL. XIV. 13.

(30) Si vis ad vitam ingredi, serva mandata. *Rit. Rom. Ordo Bapt.*

(31) Proficiscere, anima Christiana, de hoc mundo. *Rit. Rom. Ordo Comment. anim.*

(32) Dominus illuminatio mea et salus mea, quem timebo ? PSALM. XXVI. 1.

(33) Ecce ego ; quia vocasti me. I. REG. VI. 9.

(34) Requiem æternam dona eis, Domine, et lux perpetua luceat eis. *Off. defunct.*

c'est bien à vous qu'il appartient d'introduire, parmi vos pompes sacrées, votre fidèle serviteur dans la paix (35). Ce sont vos combats qu'il a combattus ; ce sont vos ruines qu'il a relevées ; c'est jusqu'au début de vos renaissantes épreuves qu'il a fourni sa carrière sans fléchir ; c'est entre les douleurs de Pie VII et les douleurs de Pie IX qu'il a pris vaillamment sa part à votre guerre contre le mal ; c'est votre Foi qu'il a conservée. Demandez donc pour lui, de cette voix dans laquelle les gémissements de l'Esprit-Saint se mêlent à nos prières, la couronne de justice (36), que le Dieu de miséricorde veut bien devoir à tout serviteur fidèle. Demandez, sainte Eglise, car vous avez le pouvoir d'obtenir, par Jésus-Christ Notre-Seigneur, qui, avec le Père et le Saint-Esprit, vit et règne dans les siècles des siècles. Amen.

---

(35) Euge serve bone et fidelis,...... intra in gaudium Domini tui. MATTH. XXV. 23.

Requiescat in pace. *Off. defunct.*

(36) Bonum certamen servavi, cursum consummavi, fidem servavi. In reliquo reposita est mihi corona justitiæ, quam reddet mihi Dominus in illa die justus judex : non solum autem mihi, sed et iis qui diligunt adventum ejus. II. TIMOTH. IV. 7. 8.

www.ingramcontent.com/pod-product-compliance
Lightning Source LLC
Chambersburg PA
CBHW061313050726
47594CB00004B/1695